まちごとアジア

Pakistan 004 Lahore

ラホール
東方イスラム世界の「華」

لاہور

Asia City Guide Production

【白地図】パキスタン

ASIA
パキスタン

パキスタン

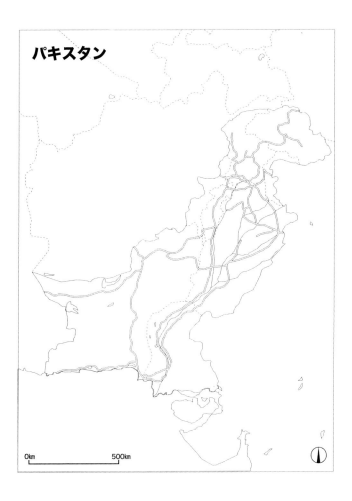

Lahore 白地図

【白地図】ラホール

ASIA
パキスタン

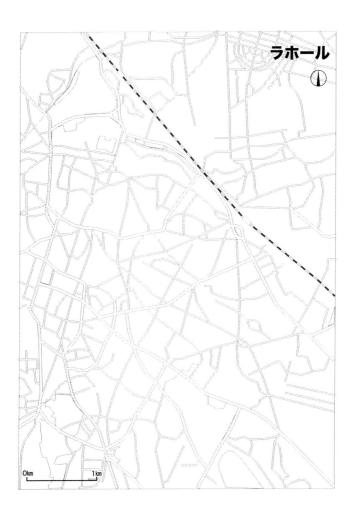

【白地図】ラホールフォート

ASIA
パキスタン

ラホールフォート

Lahore 白地図

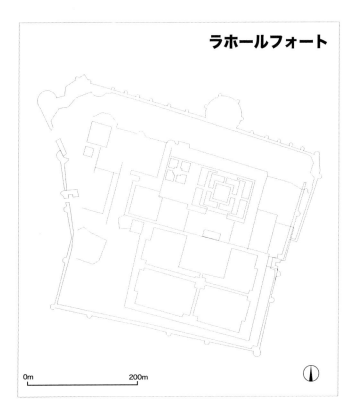

【白地図】バードシャーヒーモスクとイクバル公園

【白地図】オールドラホール

ASIA
パキスタン

【白地図】アナルカリバザール

ASIA
パキスタン

【白地図】ラホール中心部（モールロード）

【白地図】ラホール新市街

ASIA
パキスタン

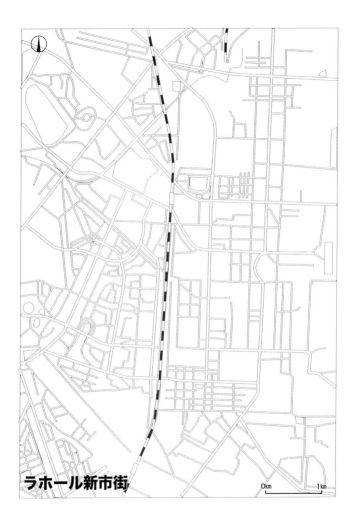

【白地図】グルバルグ

ASIA
パキスタン

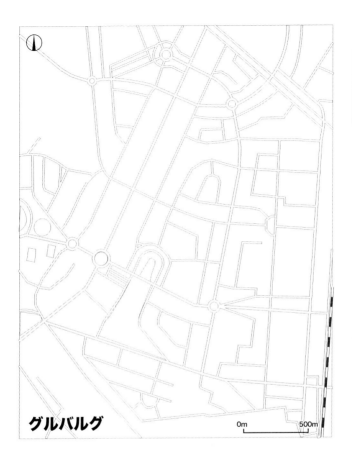

【白地図】大ラホール

ASIA
パキスタン

大ラホール

Lahore

白地図

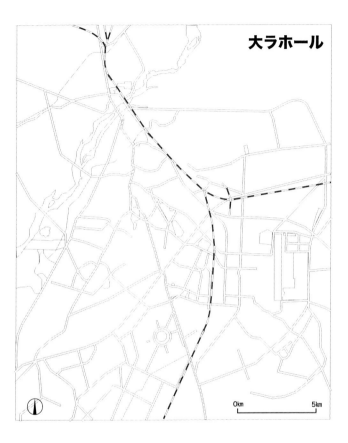

【白地図】シャラマール庭園

ASIA
パキスタン

【白地図】シャーダラ

ASIA
パキスタン

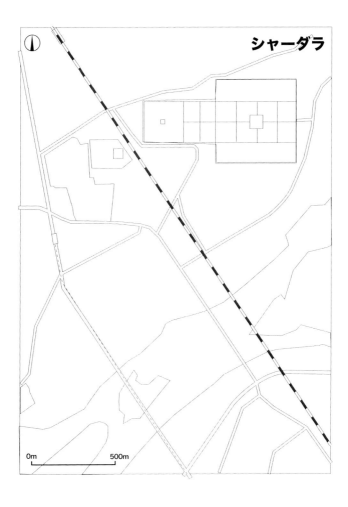

【白地図】ラホール郊外

ASIA
パキスタン

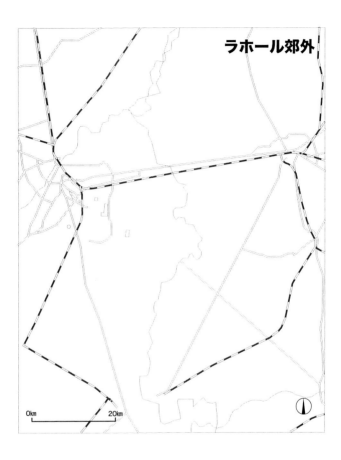

【まちごとアジア】
パキスタン002 フンザ
パキスタン003 ギルギット(KKH)
パキスタン004 ラホール
パキスタン005 ハラッパ
パキスタン006 ムルタン

ASIA
パキスタン

インドとのワガ国境からわずか30kmの地点に位置するパキスタンの古都ラホール。歴史的にパンジャーブ地方の政治、文化の中心地となってきたところで、1940年、「パキスタン建国」を宣言するラホール決議が採択されたことからもこの国を象徴する街となっている。

近郊にインダス文明の遺跡が残るラホールの歴史は、1～2世紀ごろにさかのぼるが、史実として現れるのは11世紀のこと。中央アジアからインドに侵略したガズナ朝の拠点となり、以後、ゴール朝、デリー・サルタナット朝などのイスラム勢

Lahore ラホール
لاہور

　力の統治をへて、16世紀のムガル帝国時代に最高の繁栄を見せるようになった。

　第3代アクバル帝時代の1584年～98年、第4代ジャハンギール帝時代の1622～27年には、宮廷がラホールにおかれるなど、デリー、アーグラとならぶ三大都市を形成していた。街には世界遺産にも指定されているムガル帝国時代の宮廷や庭園が残り、「Lahore is Lahore（ラホールのような美しい街は、ラホールしかない）」とたたえられた余韻を今に伝えている。

【まちごとアジア】
パキスタン 004 ラホール

ASIA
パキスタン

目次

ラホール ……………………………………………………………xxviii

インドイスラム文化の華……………………………………………xxxiv

フォート鑑賞案内 …………………………………………………xli

中世南アジアの覇者 ………………………………………………l

大モスク鑑賞案内 …………………………………………………lv

旧市街城市案内………………………………………………………lxxi

アナルカリバザール城市案内 ……………………………………lxxix

モールロード城市案内 ……………………………………………xciii

新市街城市案内 ……………………………………………………ci

シャラマール庭園鑑賞案内 ………………………………………cxiii

シャーダラ鑑賞案内 ………………………………………………cxx

郊外城市案内…………………………………………………………cxxxi

城市のうつりかわり…………………………………………………cxxxv

【MEMO】

Lahore ラホール

【地図】パキスタン

ASIA
パキスタン

インド
イスラム
文化の華

ASIA
パキスタン

北西から北インドをのぞむように位置するラホール
この地は南アジアに侵入した勢力がまず拠点をおく場所だった
インド文化とイスラム文化が融合した世界が広がる

パンジャーブ州の州都

パキスタン東部からインド北西部にかけて広がるパンジャーブ地方（デリーを流れるジャムナ河西岸までの地域をさす）。パンジャーブとは「5本の河川」を意味し、この地にはサトラジ川、ラヴィ川、ビーズ川、チナーブ川、ジェラム川という5つの河川が流れている。幾度となく流路を変えるこれらの河川が、肥沃な土地を育み、古代から文明が栄えてきた。現在、パキスタンの政治、経済、文化を担うパンジャーブ州には、この国の人口の過半数をしめる人々が暮らしていて、ラホールはその州都となっている。

▲左 パキスタン名物のギンギラトラック、街を駆けぬける。　▲右　ラホール・フォートの正門、ムガル帝国の宮廷がおかれていた

覇王の通る地

インド世界への玄関口にあたるラホールは、紀元前1500年ごろのアーリア人はじめ、アレクサンダーやクシャン朝などの異民族のインド侵入拠点となってきた。これまで20を超える民族が中央アジアから侵入し、新たな王朝をインドに王朝を築いたと言われる。中央アジアからインドのベンガル地方まで続く幹線道路（グランド・トランク・ロード）がラホールを通り、『ヴェーダ』の宗教（のちのヒンドゥー教へつながる）やイスラム教、ギリシャやペルシャの文明がインドへ伝播した。

▲左　旅行者女性も現地の衣装で身をおおう。　▲右　ラホールからインド国境ワガまではわずかの距離

ラホール街の構成

ラヴィ川の南岸に開けたラホールは大きくわけてムガル帝国時代からの伝統をもつ旧市街とイギリスの植民地時代につくられた新市街からなる。それぞれラホール・シティ駅とラホール・カントンメント駅という鉄道駅をもち、イギリス統治時代以来、街は拡大した。また旧市街の郊外にあったシャラマール庭園、ジャハンギール廟はラホール市街に組み込まれ、新市街西側ではグルバルグと呼ばれる瀟洒な街並みも見られるようになった。

【MEMO】

【地図】ラホール

【地図】ラホールの [★★★]
- [ ] ラホール・フォート Lahore Fort
- [ ] バードシャーヒー・モスク The Badshahi Mosque
- [ ] オールド・ラホール Old Lahore

【地図】ラホールの [★★☆]
- [ ] パキスタンの塔 Minar-e-Pakistan
- [ ] ダータ・ガンジ・バクシュ・ハジュベリ廟 Mausoleum of Data Gunj Bakhsh Hajveri
- [ ] アナルカリ・バザール Anarkali Bazar
- [ ] ラホール博物館 Lahore Museum
- [ ] モール・ロード The Mall Road

【地図】ラホールの [★☆☆]
- [ ] ラホール駅 Lahore Junction Railway Station
- [ ] グランド・トランク・ロード Grand Trunk Road
- [ ] イスラミックサミット・ミナール Islamic Summit Minar
- [ ] ラホール動物園 Lahore Zoo
- [ ] ジンナー公園 Bagh-e-Jinnah

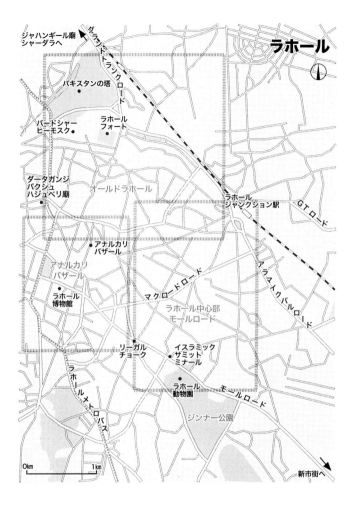

【MEMO】

ASIA
パキスタン

**Guide,
Lahore Fort**

フォート
鑑賞案内

16世紀にムガル帝国第3代アクバル帝によってつくられた王城
その後、諸皇帝が増築を繰り返し現在の姿となった
ユネスコ世界遺産にも指定されている

ラホール・フォート Lahore Fort [★★★]

16世紀のなかごろ、ムガル帝国第3代アクバル帝によって築かれたラホール・フォート。第4代ジャハンギール帝と第5代シャー・ジャハン帝などの歴代皇帝によって建物がくわえられ、宮殿、モスク、庭園からなる複合的な王城となっている（東西425m、南北340m）。第3代アクバル帝時代の1584年～98年、第4代ジャハンギール帝時代の1622～27年にはここに宮廷がおかれるなど、インドから中央アジアにいたる広大な帝国の首都機能を果たしていた。

【地図】ラホールフォート

【地図】ラホールフォートの [★★★]
- [ ] ラホール・フォート Lahore Fort

【地図】ラホールフォートの [★★☆]
- [ ] アラムギリ・ゲート Alamgir Gate

【地図】ラホールフォートの [★☆☆]
- [ ] モティ・マスジッド Moti Masjid
- [ ] ディワーネ・アーム Diwan-e Am
- [ ] ジャハンギールの庭園 Chahar Bagh
- [ ] シーシュ・マハル Shish Mahal
- [ ] ナウラカー・パビリオン Naulakha Pavilion

ラホールフォート

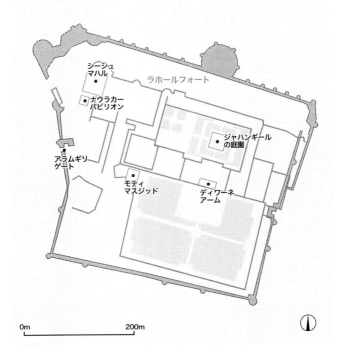

アラムギリ・ゲート Alamgir Gate ［★★☆］

ラホール・フォートの正門にあたるアラムギリ・ゲート。熱心なスンニ派イスラム教徒であった第6代アウラングゼーブ帝の命で建てられたもので、ラホール・フォートとバードシャーヒー・モスクを結ぶ目的があった（バードシャーヒー・モスクもこの皇帝治下の17世紀に建てられている）。堅牢な門構えをしていて、象に乗ったまま皇帝が入城できるよう設計されているという。

▲左　世界遺産のラホール・フォートには多くの人が訪れる。　▲右　象に乗って入城できるというアラムギリ・ゲート

モティ・マスジッド Moti Masjid ［★☆☆］

「真珠モスク」の名前で知られるモティ・マスジッド。すべて白大理石製が使われているところから、この名前がつけられた。第5代シャー・ジャハーン帝の時代の1645年、王族用モスクとして建てられたもので、同様のものがラール・キラ（デリー）、アーグラ城（アーグラ）にも残っている。

ディワーネ・アーム Diwan-e Am ［★☆☆］

ラホール・フォートの中央部に位置するディワーネ・アーム（公的謁見殿）。ここはムガル皇帝が人々と謁見する場所で、

ASIA
パキスタン

裁判などが行なわれていた。建設当時は列柱ホールに40本の円柱がならんでいたとされ、そのうちの9本が当時の姿をとどめている。ムガル宮廷では、このディワーネ・アームのほかに、ディワーネ・カース（私的謁見殿）が見られた。

ジャハンギールの庭園 Chahar Bagh ［★☆☆］

ディワーネ・アームの北側に位置するジャハンギールの庭園。噴水のある池を中心に四分割したチャハール・バーグと呼ばれる様式をしている。この庭園様式はペルシャを起源とし、16世紀のムガル帝国時代に南アジアにもちこまれた（世界

【MEMO】

ASIA
パキスタン

遺産のシャラマール庭園も同じ様式で造営されている)。

シーシュ・マハル Shish Mahal [★☆☆]

ラホール・フォートの北西部に位置するシーシュ・マハル(マハルは「宮殿」を意味する)。ここは王妃が起居した場所で、ラホール・フォートにある建物のなかでも、内部の壁面にほどこされた装飾で知られる。ガラスで彩られたその様子から鏡の宮殿とも呼ばれる。

▲左 白大理石は第5代シャー・ジャハーン帝以後、よく使われた。 ▲右 遠くに見えるバードシャヒー・モスク、3つのドームを浮かべる

ナウラカー・パビリオン Naulakha Pavilion ［★☆☆］

シーシュ・マハルの南側に立つナウランカー・パビリオン。白大理石の壁面に見事な象がん細工が見られる。四隅の屋根がたれさがった特徴的な屋根をもち、この様式は第3代アクバル帝の時代に併合されたベンガル地方のものが伝えられたもの（本来は、雨を素早く落とすために四隅がたれさがっている）。

中世
南アジア
の覇者

ASIA
パキスタン

南アジア史上、最大のイスラム王朝だったムガル帝国
最盛期、その領土はインド全域から中央アジアにまでおよんでいた
強力な権力をにぎった皇帝が統治した帝国の姿

最大のインド・イスラム王朝

ムガルとはペルシャ語で「モンゴル」を意味し、初代バーブル帝は現在のウズベキスタンでチンギス・ハンとティムールの血をひく由緒正しい家柄に生まれた。当時、南アジアにはイスラム王朝（デリー・サルタナット朝）があったが、1526年にパニーパットの合戦で勝利したバーブル帝はインドに入城し、ここにムガル帝国が樹立された。当初、この王朝は中央アジアからの征服王朝といったおもむきだったが、第3代アクバル帝の時代には皇帝を中心とする強力な中央集権体制が整備され、インド全域を支配するようになった。

▲左　ラホール、デリー、アーグラが帝国の中心都市、写真はアーグラ・フォート。　▲右　中世以来、南アジアにイスラム教が浸透していった

ムガル帝国歴代皇帝（初代から第6代まで）

ムガル帝国は1857年のインド大反乱（セポイの乱）で滅亡するまで17人の皇帝を輩出しているが、第3代アクバル帝から第6代アウラングゼーブ帝までが最盛期（中央アジアから南インドにいたる領土）で、その後半はデリー近郊の地方領主になりさがっていた。1526年から1858年までの300年にわたって南アジアで命脈をたもっており、インド史に大きな足跡を残している。南アジアではムガルに続いて地方勢力が台頭し、その後、イギリスに植民地化されることになった。

初代バーブル帝（治世 1526 〜 1530 年）

第 2 代フマユーン帝（治世 1530 〜 1540 年、1555 〜 1556 年）

第 3 代アクバル帝（治世 1556 〜 1605 年）

第 4 代ジャハンギール帝（治世 1605 〜 1627 年）

第 5 代シャー・ジャハーン帝（治世 1627 〜 1658 年）

第 6 代アウラングゼーブ帝（治世 1658 〜 1707 年）

Lahore　中世南アジアの覇者

赤と白の世界

屋根にいただく巨大ドームや左右対称の美をもつムガル帝国時代の建築。それまでのモスクや宮殿にくらべてきわめて巨大な建築が見られるようになった。ムガル建築はペルシャ建築を源流するが、イスファハンやサマルカンドなどの建築がターコイズ・ブルーなどの青色を主体とするのに対して、赤と白がもちいられる。これはインド原産の赤砂岩と白大理石が素材とされたためで、ペルシャ・イスラム芸術と土着のインドの様式が融合したことを物語っているという。

Guide,
The Badshahi Mosque
大モスク
鑑賞案内

南アジアでも最大規模のバードシャーヒー・モスク
バードシャーヒーとは皇帝を意味し
まさしく皇帝モスクの名にふさわしい

バードシャーヒー・モスク The Badshahi Mosque [★★★]
赤砂岩の本体に白大理石のドームを3つ連続させるバードシャーヒー・モスク(「皇帝のモスク」を意味する)。1673年、熱心なスンニ派イスラム教徒だったムガル帝国第6代アウラングゼーブ帝の命で、人々が集団礼拝できるよう造営された。南アジアでも最大規模をほこり、礼拝堂前の広場は一辺160m四方、本体に沿うように高さ50mのミナレットが付随する。このモスクの東には同じくアウラングゼーブ帝の手による庭園ハズリ・バーゲがあるほか、19世紀にはアウラングゼーブ帝に弾圧されたシク教徒によって礼拝室は火薬庫に

【地図】バードシャーヒーモスクとイクバル公園

【地図】バードシャーヒーモスクとイクバル公園の [★★★]
- ☐ ラホール・フォート Lahore Fort
- ☐ バードシャーヒー・モスク The Badshahi Mosque
- ☐ オールド・ラホール Old Lahore

【地図】バードシャーヒーモスクとイクバル公園の [★★☆]
- ☐ アラムギリ・ゲート Alamgir Gate
- ☐ ムハンマド・イクバル廟 Mausoleum of Muhammad Iqbal
- ☐ パキスタンの塔 Minar-e-Pakistan

【地図】バードシャーヒーモスクとイクバル公園の [★☆☆]
- ☐ ランジート・シング廟 Samadhi of Maharaja Ranjit Singh
- ☐ グル・アルジャン廟 Samadhi of Guru Arjan
- ☐ グランド・トランク・ロード Grand Trunk Road

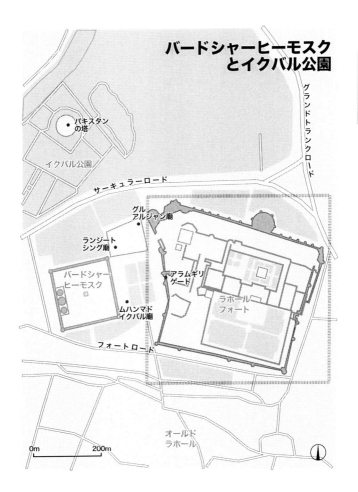

パキスタン

なっていたという歴史もある。

集団礼拝が行なわれるモスク

イスラム教では金曜日に集団礼拝が行なわれ、バードシャーヒー・モスクには10万人もの人々を動員できるという。礼拝堂へ導くアーチをもったイワン、礼拝を呼びかける塔ミナレット、天空に浮かぶドームなどはイスラム世界で広く見られる様式で、とくにバードシャーヒー・モスクでは南アジア原産の赤砂岩と白大理石といった素材がもちいられている。また偶像崇拝の認められていないイスラム教では、幾何学模

▲左　地上に小さく人が見える、この巨大さ。　▲右　美しい白大理石のドームを載せるバードシャーヒー・モスク

様や左右対称からなる独特の芸術が発展してきた。

ムハンマド・イクバル廟
Mausoleum of Muhammad Iqbal ［★★☆］

パキスタン建国詩人として知られるムハンマド・イクバルの霊廟。ラホール・フォートの正門アラムギリ・ゲート前に位置する。1877年、英領インド治下のパンジャーブ地方（シアールコート）に生まれたムハンマド・イクバルはイスラム神秘主義詩人として活躍していたが、やがて政治的な発言を強めるようになった。イギリスからの独立を目指すインドに

ASIA
パキスタン

あって、1930年、ムハンマド・イクバルは、全インド・ムスリム連盟大会の議長を務め、「イスラム教徒多住地域を連合した国家建設」の構想を述べる。このパキスタン構想をもとに「インドのイスラム教徒の国」の建設を目指して、1947年、パキスタンは英領インドからの分離独立を果たすことになった。

実現したイクバルの構想

ムハンマド・イクバルは、西欧哲学もふまえたイスラム神秘主義思想をもち、当初、「我らはインド人、インドは我ら

Lahore 大モスク鑑賞案内

が祖国なり」といったインドへの深い愛情を詠んでいた。20世紀初頭のインドではヒンドゥー教徒とイスラム教徒が共存していたが、イクバルは1920年ごろから政治的な発言を強めていき、「イスラムこそそなたの国、そなたは預言者に従うもの」といった詩を詠うようになる。当初、イクバルのパキスタン構想は注目されていなかったが、やがて人数に勝るヒンドゥー教徒の従属的な立場になるというイスラム教徒の懸念から「インドのイスラム教国」の建国がのぞまれるようになった。

ASIA
パキスタン

▲左 ラホール・フォート前に立つランジート・シング廟。 ▲右 印パ分離独立後、シク教徒はインド側へ遷った、アムリトサルにて

ランジート・シング廟
Samadhi of Maharaja Ranjit Singh [★☆☆]

ランジート・シングは19世紀にシク王国を樹立したシク教の指導者で、この王国ではラホールに首都がおかれた。ヒンドゥー教徒にもイスラム教徒にもわけ隔てなく接し、「パンジャーブの獅子」と呼ばれていたが、ランジート・シングの死後、ラホールは無政府状態になったと言われる（シングとは「獅子」の意味で、シク教徒の男子の名前につけられる呼称）。ランジート・シング廟は、シク教の教えを象徴するようにイスラム教とヒンドゥー教の建築様式が入り混じっている。

【MEMO】

Lahore 大モスク鑑賞案内

ASIA
パキスタン

シク教とは

イスラム勢力がインドを統治していた15世紀、ラホール近郊に生まれたグル・ナナクによってシク教は創始された。シク教では「ヒンドゥー教徒もおらず、イスラム教徒もいない」とされ、両者を批判的に融合し、友愛、平等などの精神をもつ。この宗教はパンジャーブ地方の農民を中心に広がり、ラホールはシク教の長い伝統をもつ都市として知られていた（シク王国の首都がおかれていたこともある）。シク教は代々グルに指導されてきたが、ムガル帝国時代には弾圧にあうこともしばしばあり、現在、シク教徒はインド側パンジャーブ州で

▲左　ラホールのイスラム聖者廟に集まった人びと。　▲右　シク教最高の聖地、アムリトサル（インド）にある黄金寺院

暮らしている。シク教徒の霊廟をサマディと呼び、19世紀になってシク教徒がラホールを支配したときに、ラホール・フォートの横につけくわえられた。

グル・アルジャン廟 Samadhi of Guru Arjan ［★☆☆］

ランジート・シング廟の北側に位置するシク教第5代グル・アルジャンの霊廟（1563～1606年）。聖典『グル・グラント』の編纂を行ない、シク教徒の聖地アムリトサルのゴールデン・テンプルをつくったことで知られる。この時代、パンジャーブ中に広がっていたシク教は、ムガル皇帝より異端と

ASIA
パキスタン

され、度々弾圧を受け、グル・アルジャンもラホールで拷問死した（のちの第4代皇帝に即位するジャハンギールと皇位を争ったホスロー逃亡を幇助した罪をかけらた）。この事件以後、シク教徒は自らの信仰を守るため、武装化していくようになった。

パキスタンの塔 Minar-e-Pakistan ［★★☆］

ラホール旧市街の北側に広がるイクバル公園に立つパキスタンの塔。1940年3月23日の全インド・ムスリム連盟ラホール大会で「インドのイスラム教徒の国（パキスタン）」の樹

▲左 1947年、インドと「イスラム教徒のインド」に分離独立した。 ▲右 高さ59mのパキスタンの塔

立へ向けての綱領が宣言され、その日を記念して建てられた。1968年に完成した塔の高さは59m、中心の太い柱は「パキスタン建国の父」ジンナーを意味するのだという。パキスタン構想は英領インド時代の1930年、公園の名前となっているムハンマド・イクバルによって述べられた。

印パ分離独立

中世以来、南アジアではヒンドゥー教徒とイスラム教徒が共存し、ラホールにもさまざまな信仰をもつ人々が暮らしていた。このようななか英領インドから独立する新たな国家で

ASIA
パキスタン

は、イスラム教徒がマイノリティになってしまうという懸念から、1947年、インドとパキスタンに分離独立した。同一の文化、言語、習慣をもつパンジャーブ地方を分断する国境線がひかれ、多くの人々が国境を越えて移住するなかで殺戮や収奪などの被害を受ける人々も多かった。パキスタン独立以前、ラホールに暮らす40%の人々がヒンドゥー教徒とシク教徒だったと言われ、インド側に移住した彼らの代わりに、イスラム教徒が多数この街に流入することになった。

Lahore 大モスク鑑賞案内

パキスタン建国とその影

1947年、英領インドから分離独立したパキスタンは「清浄な国」を意味し、P（パンジャーブ）、A(アフガン)、K（カシミール）、I、S(シンド)、TAN（バローチスタン）という現在のパキスタンを構成する地域が暗示されているという。独立当時、「インドのイスラム教徒の国」をかかげたものの、多くのイスラム教徒がインドに残り、また頭文字に入っていない東ベンガル（東パキスタンのことで飛び地国家になっていた）が1971年に再独立を果たすなど、この国では混乱が長いあいだ続いていた。

Guide,
Old Lahore
旧市街
城市案内

ムガル帝国時代に造営されたオールド・ラホール
巨大なモスクや宮殿が往時の面影を伝える
伝統が息づく古都ラホールの姿

オールド・ラホール Old Lahore ［★★★］

オールド・ラホールはムガル帝国第3代アクバル帝の時代に造営された街で、長さ4.8kmの城壁をめぐらせ、12の門をもつ。中世、デリー、アーグラとならんで南アジアでも有数のにぎわいを見せ、東方イスラム世界を代表する街となっていた。現在でも当時の街区を残し（建物は19世紀以降のもの）、主要道路から枝わかれした路地が迷路のように走っている。

【地図】オールドラホール

【地図】オールドラホールの [★★★]
- [ ] オールド・ラホール Old Lahore
- [ ] バードシャーヒー・モスク The Badshahi Mosque
- [ ] ラホール・フォート Lahore Fort

【地図】オールドラホールの [★★☆]
- [ ] ワジル・ハーン・モスク Wazir Khan's Mosque
- [ ] ダータ・ガンジ・バクシュ・ハジュベリ廟 Mausoleum of Data Gunj Bakhsh Hajveri
- [ ] アナルカリ・バザール Anarkali Bazar
- [ ] パキスタンの塔 Minar-e-Pakistan

【地図】オールドラホールの [★☆☆]
- [ ] ゴールデン・モスク Sonehri (Golden) Mosque
- [ ] ファキール・カナ博物館 Faqir Khana Museum
- [ ] ラホール駅 Lahore Junction Railway Station

ASIA
パキスタン

密集した建物群

オールド・ラホールでは、東西2km南北1.5kmほどの面積に、2万とも言われる家屋が密集している。それぞれの建物はレンガづくりとなっていて、外部からの熱をさえぎるため壁が厚く、屋上にテラスがある。なかには中庭をもち、バルコニーにライオンや孔雀などの装飾がほどこされた大型の邸宅ハーヴェリーも見られる。また街の一角にあるヒーラマンディはかつての歓楽街だった（ヒンドゥー教徒はバザールをマンディと呼ぶ）。

▲左　旧市街に残るワジル・ハーン・モスク。　▲右　旧市街の城門、中世の姿を今に伝える

ワジル・ハーン・モスク Wazir Khan's Mosque ［★★☆］

赤、青、黄といった色彩で美しい装飾で壁面が彩られたワジル・ハーン・モスク。ムガル帝国時代の1635年、医師ワジル・ハーンによって建てられたモスクで、医師は当時、第5代シャー・ジャハーン帝の命を受けてラホールをふくむパンジャーブ地方を統治していた。またここはイスラム芸術の中心的存在となってきたところで、とくにカリグラフィが知られていた（イスラム書道のことで、偶像崇拝の禁止されたイスラム教では、芸術としてさまざまな書体がつくられている）。

ASIA
パキスタン

ゴールデン・モスク Sonehri（Golden）Mosque ［★☆☆］
ラホール旧市街の一角にあるゴールデン・モスク。金色のドームをいただくところからこの名前がつけられた。ムガル帝国の勢力がおとろえた18世紀なかごろ、この地方の政治家によって建てられた。

▲左　外部からの侵入者を遠ざけるラホールの城壁。　▲右　特性の窯でナンを焼く職人

ファキール・カナ博物館 Faqir Khana Museum ［★☆☆］

ファキールとはイスラム聖者のことで、18世紀以来、ラホールに暮らす一族の私邸が博物館に改装されている。個人的に集められた展示品は、ムガル皇帝の衣服、シク教徒の武器、絨毯や雑貨などラホールの歴史や暮らしと密接に関係したものが多い。博物館の規模は小さいが、所蔵は1万点以上にもなるという。

Guide,
Anarkali Bazar
アナルカリバザール城市案内

オールド・ラホールから南に走る
アナルカリ・バザール
ラホールを代表する美食街でもある

ダータ・ガンジ・バクシュ・ハジュベリ廟
Mausoleum of Data Gunj Bakhsh Hajveri [★★☆]

ダータ・ガンジ・バクシュ・ハジュベリは、パキスタンでもっとも慕われているイスラム聖者のひとりで、中世、南アジアへイスラム教が浸透するにあたって貢献した人物。「富をあたえるもの（ダータ・ガンジ）」という意味をもつことから、商売繁盛を願ってこの霊廟に訪れる人も多く、集団礼拝を行なうためのダータ・ダルバール・モスクが隣接している。

【地図】アナルカリバザール

【地図】アナルカリバザールの [★★★]
- [ ] オールド・ラホール Old Lahore

【地図】アナルカリバザールの [★★☆]
- [ ] ダータ・ガンジ・バクシュ・ハジュベリ廟 Mausoleum of Data Gunj Bakhsh Hajveri
- [ ] アナルカリ・バザール Anarkali Bazar
- [ ] ガワルマンディ・フード・ストリート Gawalmandi Food Street
- [ ] ラホール博物館 Lahore Museum
- [ ] モール・ロード The Mall Road

【地図】アナルカリバザールの [★☆☆]
- [ ] ウルドゥー・バザール Urdu Bazar
- [ ] アナルカリの墓 Anarkali's Tomb

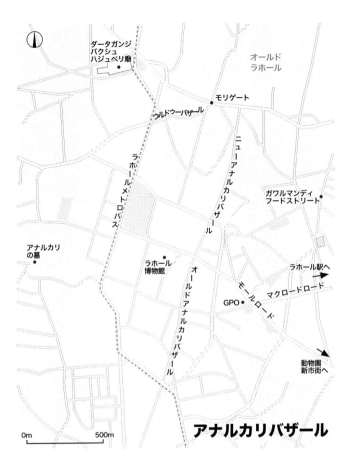

ASIA
パキスタン

聖者ダータ・ガンジ

イスラム王朝のガズナ朝がラホールを征服した 11 世紀、ダータ・ガンジは当時ほとんどイスラム教徒のいなかったこの街で布教をはじめた。この聖者が禁欲的な生活を行ない、貧しい人々にほどこしをあたえるなかで多くの改宗者を生んだという。ラホールで執筆された『シュフル・マフジューブ（秘められたるものの開示）』は、後世の人にも広く読まれている。

踊る聖者スーフィー

南アジアへのイスラム教の布教にあたって大きな役割を果た

▲左　鋭利な尖塔が立つ、ラホールにはいくつものイスラム聖者廟がある。
　▲右　踊る聖者、唄や踊りによって神との合一をはかる

したのが、イスラム神秘主義者スーフィーで、羊の皮（スーフ）をまとっていたところからその名前がつけられた。スーフィーは神との合一を目指し、人々によりわかりやすい手段として唄や踊りがもちいられた（ダータ・ガンジ・バクシュ・ハジュベリ廟でも木曜日にはスーフィーによる踊りを見ることができる）。南アジアでのイスラム教改宗者のなかでは、クリシュナへの絶対帰依を説くヒンドゥー教のバクティ信仰とスーフィーの説く教えを同一視した者も多いという（またバクティ信仰にもスーフィーの影響があるという）。

ウルドゥー・バザール Urdu Bazar ［★☆☆］

オールド・ラホールの南側を走るウルドゥー・バザール。インド・イスラム文化を象徴するウルドゥー語書物のほか、洋書をあつかう書店、出版社がずらりとならぶ（パキスタンの公用語ウルドゥー語は、インドのヒンディー語とイスラム教の文字や語彙が組みあわさって形成された）。

【MEMO】

ASIA
パキスタン

アナルカリ・バザール Anarkali Bazar ［★★☆］

ムガル帝国時代以来の伝統をもつ、ラホールでもっとも有名なアナルカリ・バザール。飲食店、衣料店などさまざまな店がならぶ華やかな通りで、夜遅くまでにぎわっている。アナルカリ（「ざくろの木」を意味する）という名前は、ムガル帝国第3代アクバル帝の時代にラホール宮廷で活躍した踊り子からとられている。美しく踊るアナルカリにサリーム王子（のちの第4代ジャハンギール帝）は恋をしたが、父親アクバルの反対で結局叶うことはなかった。この悲恋の物語は、広く愛されており、バザール名とともに今も伝えられている。

▲左　街の書店ラホールはパキスタン文学の中心地でもある、ウルドゥー・バザールにて。　▲右　アナルカリ・バザールのにぎわい

アナルカリの墓 Anarkali's Tomb ［★☆☆］

ラホールにあったムガル宮廷に仕えた悲劇の踊り子アナルカリの墓。サリーム王子（のちに第4代ジャハンギール帝として即位）は、美しい容姿を備えるアナルカリに恋をしたが、父親のアクバル帝（ムガル帝国第3代皇帝）は身分違いだとしてふたりの恋を認めなかった。アクバル帝はサリーム王子を宮廷の外にやり、そのあいだにアナルカリを別の男性と結びつけようと画策したが、ふたりの恋は密かに続いた。その関係を知ったアクバル帝は、はげしく怒り、アナルカリをラホールの城壁のなかに生き埋めにしてしまった。サリーム王

子はこの仕打ちを恨み、その後、父アクバル帝に何度も叛旗をひるがえすなど父との不仲が続いた。この悲恋はラホール市民に広く愛される物語となっている。

ガワルマンディ・フード・ストリート
Gawalmandi Food Street [★☆☆]

ガワルマンディ・フード・ストリートは、アナルカリ・バザールとならぶラホールの美食街。キーマ、マトンといった各種カレー店、タンドリーチキンなどを出す店が軒を連ね、夜遅くまで営業している。

▲左　イギリスのヴィクトリア様式建築、ラホールは100年のあいだイギリスに統治されていた。　▲右　客と店主のやりとり、新鮮な野菜がならぶ

ラホール博物館 Lahore Museum［★★☆］

イギリス統治下の1894年に開館した歴史をもつラホール博物館。モヘンジョ・ダロやハラッパなどのインダス文明遺跡からの出土品、アケメネス朝ペルシャのコイン、ムガル帝国時代の細密画、シク教に関するものなどがならぶ。なかでもガンダーラ美術のコレクションが有名で、その最高傑作『断食するシッダールタ像』では断食による苦行を行なうブッダの姿が見事に表現されている（浮かびあがるブッダの筋、骨が写実的に描かれている）。1947年に独立した比較的新しい国パキスタンにあって、インド、ペルシャ、イスラムといっ

ASIA
パキスタン

た多様な文化の影響を受けてきたこの地の営みが垣間見られる。

ガンダーラ美術とは

カイバル峠を西に抱えるペシャワール（パキスタン北西部）を中心に育まれたガンダーラ美術。ガンダーラの地は紀元前4世紀のアレクサンダーの遠征以来、ギリシャ人の移民があり、また紀元前3世紀のマウリヤ朝アショカ王の時代に仏教が伝わるなど東西文明の十字路となってきた。1世紀ごろのクシャン朝時代、ギリシャ人の彫刻技術で「ブッダの像」仏

Lahore　アナルカリバザール城市案内

像がつくられるなどガンダーラ美術が興隆するようになった（それまで仏教では仏像をつくることは認められていなかったが、歴史上はじめてガンダーラの地で制作された）。ガンダーラ美術の特徴は、ふくよかで柔和なインドの伝統的な美術とちがって、ギリシャ彫刻のように写実性にとみ、細部まで丁寧に表現されているところにある。この様式は、しばしば東西文明の融合したヘレニズム文化（ヘレニズムとは「ギリシャ」を意味する）と語られる。

Guide,
The Mall Road
モールロード
城市案内

旧市街と新市街を結ぶように走るモール・ロード
ここはラホール随一の通りで
ホテルや官公庁も集まる

ラホール駅 Lahore Junction Railway Station ［★☆☆］

パキスタン各地へ線路が伸びるラホール駅。19世紀のイギリス統治時代に建てられたインド・サラセン様式をもち、赤砂岩の壁面、尖塔状の時計塔を備える。インドとのあいだに国境線がなかったイギリス統治時代は、ワガを経て、アムリトサルへいたる列車が頻繁に往来していた。

ダイアンガ・モスク Dai Anga's Mosque ［★☆☆］

ラホール・シティ駅の前に立つダイアンガ・モスク。17世紀、ムガル帝国第5代シャー・ジャハーン帝に仕える看護師ダイ

ASIA
パキスタン

アンガによって建てられた。このダイアンガの墓はグラビ・バーゲの裏に位置する。

グランド・トランク・ロード Grand Trunk Road［★☆☆］
カブール（アフガニスタン）からラホール（パキスタン）、デリー、アーグラ、コルカタ（インド）へと続くグランド・トランク・ロード。中世以来、中央アジアのイスラム勢力がインド亜大陸へ侵入したルートにあたり、ムガル時代（16～19世紀）は帝国の主要都市を結ぶ大動脈となっていた。現在でも、首都イスラマバード（ラワールピンディ）、カイ

▲左　人、車、リキシャが行き交う街角。　▲右　決められた時間に集団礼拝する人びと

バル・パクトゥンクワ州の州都ペシャワール、パンジャーブ州の州都ラホールを結ぶこの国の最重要幹線となっている。

モール・ロード The Mall Road ［★★☆］

ラホール旧市街から新市街へ向かって走るこの街の目抜き通りモール・ロード。博物館、パンジャーブ州議事堂、動物園など官公庁や公的施設が位置し、ホテルやレストランも多く見られる。

【地図】ラホール中心部（モールロード）

【地図】ラホール中心部（モールロード）の [★★★]
- [ ] オールド・ラホール Old Lahore

【地図】ラホール中心部（モールロード）の [★★☆]
- [ ] モール・ロード The Mall Road

【地図】ラホール中心部（モールロード）の [★☆☆]
- [ ] ラホール駅 Lahore Junction Railway Station
- [ ] ダイアンガ・モスク Dai Anga's Mosque
- [ ] イスラミックサミット・ミナール Islamic Summit Minar
- [ ] ラホール動物園 Lahore Zoo
- [ ] ジンナー公園 Bagh-e-Jinnah

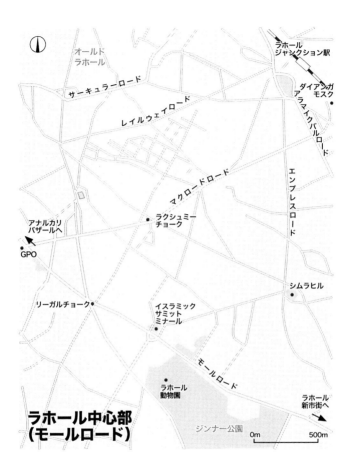

イスラミックサミット・ミナール Islamic Summit Minar [★☆☆]

マールロード沿いのパンジャーブ州議会議事堂前に立つイスラミックサミット・ミナール。1974年、グランド・イスラミックサミットがラホールで開かれたことを記念して建てられた（ここでイスラム諸国が一堂に会した）。

ラホール動物園 Lahore Zoo [★☆☆]

ラホール中心部のジンナー公園に位置するラホール動物園。イギリス植民地時代の19世紀につくられた歴史をもち、ベンガル・トラやインド・ゾウ、サイなどの動物が見られる。

ジンナー公園 Bagh-e-Jinnah ［★☆☆］

ラホール中心部に広がる広大な緑地のジンナー公園。19世紀のイギリス時代の植物園を前身とし、現在は市民の憩いの場となっている。

【MEMO】

Guide, Lahore

新市街城市案内

整然とした街区が広がるラホール新市街
莫大な人口を抱えるパキスタンを
けん引する経済都市の一面ものぞく

カントンメント Cantonment ［★☆☆］

旧市街の南東に位置するカントンメントは、ラホールの新市街。18世紀以降、インド亜大陸で領土支配を拡大したイギリスによってつくられた軍営地を前身とする（イギリス統治時代、ラホールはパンジャーブ州を代表する軍事拠点となっていた）。

グルバルグ Gulbwrg ［★★☆］

グルバルグは、20世紀なかごろから開発が進んだ新市街。ゆったりとした街区にビジネス・オフィスやレストラン、高

【地図】ラホール新市街

【地図】ラホール新市街の [★★☆]
- [ ] グルバルグ Gulbwrg

【地図】ラホール新市街の [★☆☆]
- [ ] カントンメント Cantonment
- [ ] ミャーン・ミール廟 Mausoleum of Mian Mir

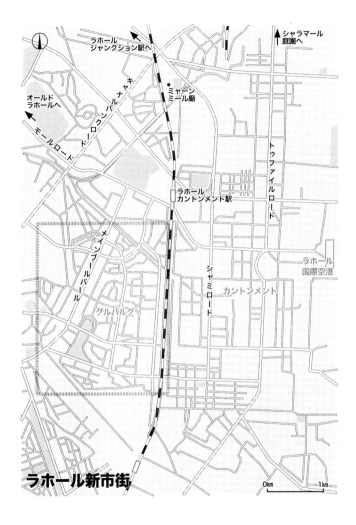

【地図】グルバルグ

【地図】グルバルグの [★★☆]
- [ ] グルバルグ Gulbwrg

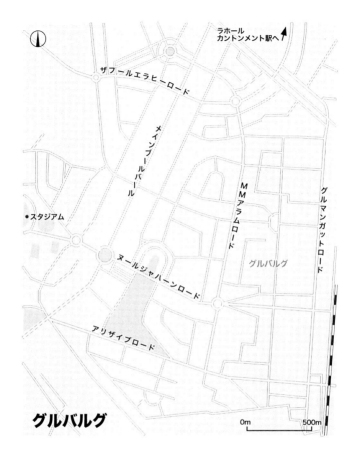

級住宅、高層マンションがならぶ。外資系企業が進出するほか、パキスタン人中流層も多く暮らしている。

パキスタンで映画

パキスタン最大の娯楽と言えるのが映画。毎年多くの映画が制作され、子どもから大人まで夢中にさせている。パキスタンの公用語（ウルドゥー語）とインドのヒンディー語は近い関係にあり、日常会話ならば通じることから、パキスタン人にもインド映画への親しみがある。女性が映画館に行くことは一般的ではない。

▲左　自転車でものを運ぶ人、路上ではさまざまなもの売りが見られる。
▲右　屋台からいい香りがたちこめる、食事はかけがえのない時間

ミャーン・ミール廟 Mausoleum of Mian Mir ［★☆☆］

16〜17世紀にラホールを拠点に活躍したイスラム聖者ミャーン・ミールをまつる霊廟。ムガル帝国第5代皇帝シャー・ジャハーンがこの聖者に帰依していたことで知られる。ミャーン・ミールの属したカーディリー派は、ヒンドゥー教徒にも寛大な態度で接したことから、南アジアでも多くの信者を獲得することになった。正方形の敷地内には、モスクも見られる。

ASIA
パキスタン

南ラホール South Lahore ［★☆☆］

パキスタン第2の都市で、人口増加の続くラホールでは、かつての市街部の南側に新たな街区がつくられた。ファイサル・タウン、モデル・タウンといった街の開発が次々に進み、緑地をとった整然としたプランをもつ。またパキスタンでもっとも由緒正しいパンジャーブ大学の広大なキャンパス、ラホール展示場も位置する。

【MEMO】

【地図】大ラホールの [★★★]
- [ ] シャラマール庭園 Shalamar Garden
- [ ] ラホール・フォート Lahore Fort

【地図】大ラホールの [★★☆]
- [ ] ジャハンギール廟 Mausoleum of Jahangir
- [ ] ヌール・ジャハーンの墓 Mausoleum of Nur Jehan
- [ ] モール・ロード The Mall Road

【地図】大ラホールの [★☆☆]
- [ ] 南ラホール South Lahore
- [ ] ラヴィ川 Ravi River
- [ ] ラホール駅 Lahore Junction Railway Station
- [ ] グランド・トランク・ロード Grand Trunk Road

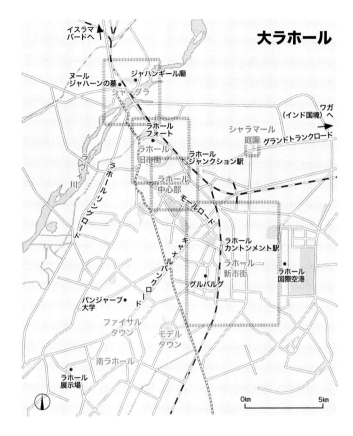

Guide, Shalamar Garden
シャラマール庭園鑑賞案内

かつてラホール郊外にあったシャラマール庭園
ここはムガル王族が自然を愛でた憩いの場であった
世界遺産にも指定されている庭園

シャラマール庭園 Shalamar Garden ［★★★］

ラホール旧市街の東8kmに位置するシャラマール庭園。ムガル帝国第5代シャー・ジャハーン帝の命で、1642年に完成し、ムガル王族憩いの場となっていた（シャラマールとは「愛の園」を意味し、カシミールにも同名の庭園が残る）。この時代、シャー・ジャハーン帝によるタージ・マハルの建設も進められ、ムガル帝国の財政を傾けたと言われるほどの大工事が続いた。ラホール・フォートとともに世界遺産に指定されている。

【地図】シャラマール庭園

【地図】シャラマール庭園の [★★★]
- [ ] シャラマール庭園 Shalamar Garden

【地図】シャラマール庭園の [★☆☆]
- [ ] グランド・トランク・ロード Grand Trunk Road

ASIA
パキスタン

シャラマール庭園のプラン

シャラマール庭園では広大な敷地に南門から徐々に高くなる三段のテラスが敷かれ、その北側には皇帝が庭を楽しむための宮殿がおかれていた。カシミール太守アリー・マルダンハンによる設計と伝えられ、ラヴィ川から水路を運び、152もの噴水が備えられていた（100ほどが残っている）。中央の噴水から十字に小道が伸びる様式は、ムガル庭園に共通して見られるチャハール・バーグ様式となっている。

▲左　南アジアにもちこまれたムガル庭園、バングラデシュのダッカでも見られる。　▲右　チャハール・バーグ様式をもつタージ・マハルの庭園

チャハール・バーグ様式とは

ペルシャ語で「4つの庭」を意味するチャハール・バーグ。この庭園様式はペルシャで発展したもので、ムガル帝国の樹立とともに規則性ある左右対称の造形美が南アジアにもたらされることになった。乾燥地帯に生きる西アジアや中央アジアの人々は、水や緑があふれる庭園にあこがれを抱き、それはイスラム教の楽園のイメージとも重なった。『コーラン』に描かれた楽園では、それぞれ水、乳、美酒、蜜が4本の川を流れ、新緑に生い茂る木々にはあらゆる果実が2種類ずつ実り、そこには美しい乙女が待っているという。

シャラマール庭園の園路

シャラマール庭園では十字型に水路がのび、脇に歩道、さらにその脇に果樹、そして外側に樹木が植えられている（2本の果樹と1本の糸杉が繰り返される）。またレンガで舗装された歩道には星型の意匠が見られるなど、イスラム世界独特の美意識が垣間見られる（偶像崇拝の禁じられたイスラム教では幾何学模様などが発展した）。この庭園の造営にあたって、シャー・ジャハーン帝はマンゴー、あんず、さくらんぼなどの樹木を中央アジアからとりよせたという。

【MEMO】

シャラマール庭園鑑賞案内

Guide, Shahdara
シャーダラ鑑賞案内

ASIA
パキスタン

ラヴィ川の北岸シャーダラの地
ここにはムガル皇帝の霊廟や庭園が残る
かつてラホール郊外だったこの地も現在では市街に組みこまれている

ラヴィ川 Ravi River ［★☆☆］

インドからパキスタンにいたり、ラホールを育んできたラヴィ川の流れ。パンジャーブ(5つの河川)のひとつを構成し、インダス河に合流する。この川のほとりにジャハンギール廟が位置するほか、乾燥地帯にあって河川の水は灌漑農業に利用されている。

ジャハンギール廟 Mausoleum of Jahangir［★★☆］

ムガル帝国最盛期に君臨した第4代ジャハンギール帝の霊廟。ジャハンギール帝はカシミールやペルシャにより近いラホールを愛し、1622〜27年のあいだこの街に宮廷をおいていた。死後、郊外のラヴィ川北岸の静かな地に埋葬され、1637年、皇帝の妻ヌール・ジャハーンと、息子のシャー・ジャハーン（第5代皇帝）によって霊廟が建てられた。

ジャハンギール廟の建築

一辺500mの庭園のなかに立つ廟本体はドームをもたず、四

【地図】シャーダラ

【地図】シャーダラの [★★☆]
- [ ] ジャハンギール廟 Mausoleum of Jahangir
- [ ] ヌール・ジャハーンの墓 Mausoleum of Nur Jehan

【地図】シャーダラの [★☆☆]
- [ ] ラヴィ川 Ravi River
- [ ] アシフ・シャーの墓 Tomb of Asif Jah
- [ ] キャラバン・サライ跡 Kervansaray

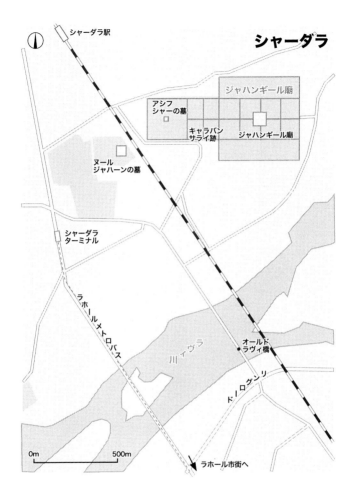

ASIA
パキスタン

隅に高いミナレットを付属している。シカンドラにある第3代アクバル帝の廟にもドームはなく、第4代ジャハンギール帝の時代から第5代シャー・ジャハーン帝の時代にかけて最盛期を迎えるムガル建築の前段階の様式となっている。ムガル歴代皇帝のなかでもとくに詩や芸術を愛したジャハンギール帝を映すように、壁面を彩る陶器製タイル、敷石などで精緻な技術が見られる。ジャハンギール帝にグルを処刑されたシク教徒の反感を買ったため、屋根のタイルは失われたままになっている。

シャーダラ鑑賞案内 Lahore

アシフ・シャーの墓 Tomb of Asif Jah ［★☆☆］

アシフ・シャーはジャハンギール帝の晩年、彼の妻ヌール・ジャハーンの兄弟で宮廷の権力を手中にした人物（ジャハンギール帝は晩年、政治に興味を見せず酒浸りになった）。ジャハンギール廟の敷地内に墓があり、八角形の本体にドームを載せている。

キャラバン・サライ跡 Kervansaray ［★☆☆］

ジャハンギール廟のすぐ近くに残るムガル帝国時代のキャラバン・サライ跡。キャラバン・サライとは遠隔地交易を行な

ASIA
パキスタン

う隊商のために用意された施設で、商業施設、宿泊施設が一体化している。ムガル帝国時代には、ベンガル地方から中央アジアを結ぶグランド・トランク・ロードが整備され、遠くはヨーロッパからの隊商が訪れることもあったという。ジャハンギール帝の統治した17世紀、ペルシャではサファヴィー朝、トルコではオスマン・トルコといったイスラム国家が繁栄していた。

▲左　インドにある第3代アクバル帝廟、チャハール・バーグ様式の庭園が見られる。　▲右　美しいカリグラフィーが見える、イスラム芸術の白眉

ヌール・ジャハーンの墓 Mausoleum of Nur Jehan[★★☆]

ムガル帝国第4代ジャハンギール帝の霊廟近くに位置するその王妃ヌール・ジャハーンの墓(「世界の光」を意味する)。政治に興味を見せなくなった後半生のジャハンギール帝に代わって、ヌール・ジャハーンとその一族が実質、宮廷を支配し、彼女による勅令が皇帝の名前で出されたという(ヌール・ジャハーンの名前がジャハンギール帝とならんで帝国の硬貨に刻まれていた)。明晰な頭脳と美貌をあわせもち、皇帝に準ずる権力を手に入れた稀有な存在として知られる。晩年、第5代シャー・ジャハーン帝が即位すると権力はなくなり、ラホー

ルでその余生を過ごした。莫大な財宝がおさめられていたと言われるが、ジャハンギール帝にグルを死刑にされたシク教徒の恨みを買って、その墓は荒らされ、アムリトサルの黄金寺院をつくるために財宝はもち去られてしまった。

美貌の王妃

ペルシャ人女性ヌール・ジャハーンは、第3代アクバル帝の宮廷執事になった父に連れられてラホールにやってきた(当時、ペルシャ文化が輸入され、ペルシャ人官僚や芸術家が登用されていた)。ヌール・ジャハーンは一旦はベンガルの指

Lahore シャーダラ鑑賞案内

揮官シェール・アフガンと結婚したものの、夫が反逆罪で殺されて宮廷に戻ることになった（ジャハンギールによる陰謀だという説もある）。そうして彼女が30歳のときにふたりは結婚し、生涯、ジャハンギール帝の寵愛を受けることになった。また第5代シャー・ジャハーン帝に愛され、タージ・マハルにほうむられたムムターズ・マハルは、このヌール・ジャハーンを叔母にもつ。

Guide,
Around Lahore
郊外
城市案内

歴史、言語、文化、生活習慣をともにするパンジャーブ地方
現在はパキスタンとインドにわかれていて
ワガ国境では毎日、両国による国旗降納式が行なわれている

ワガ Wagah ［★★☆］

ラホールの東30kmに位置するパキスタンとインドの国境地点ワガ。イスラム教とヒンドゥー教という宗教の違いから、1947年、印パは分離独立し、インド側のイスラム教徒がパキスタンへ、パキスタン側のヒンドゥー教徒やシク教徒がインドへ移住するおりに、多くの血が流れている。三度の印パ戦争が勃発し、ワガ国境でも緊張状態が続くなか、毎日、国境の閉まる日没時には両国による国旗降納式（フラッグ・セレモニー）が行なわれる。そのときパキスタンとインド両国の観客が見守り、応援合戦が繰り広げられる。

【地図】ラホール郊外の [★★☆]
- [ ] ワガ Wagah
- [ ] ジャハンギール廟 Mausoleum of Jahangir

【地図】ラホール郊外の [★☆☆]
- [ ] ラホール駅 Lahore Junction Railway Station
- [ ] グランド・トランク・ロード Grand Trunk Road
- [ ] ラヴィ川 Ravi River

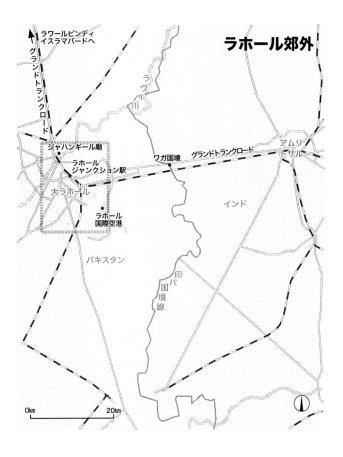

城市の
うつり
かわり

古くは神話時代にさかのぼる古都ラホール
ヒンドゥーとイスラムという二大文明が交わる
結節点に位置し、王朝の都として発展してきた

ラホール開闢伝説

インダス文明（紀元前2500〜前1700年ごろ）の時代から人が暮らしていたパンジャーブ地方。のちにインド文明をきずくアーリア人は、紀元前1500〜前1000年ごろにこの地を通過してガンジス河中流域にうつっている。伝説ではラホールは、古代インドの叙事詩『ラーマーヤナ』に描かれたラーマ王子の息子ラバによって建設されたと伝えられる（3世紀ごろ叙事詩は成立した）。

イスラム勢力侵入以前

11世紀にイスラム勢力がラホールを支配する以前、この地は西インドから勃興したラージプート族によって統治されていた(ラージプート族の末裔は、現在、パキスタンと国境を接するラジャスタン州に暮らしている)。当時、この街は「ローの城」を意味するローハワルと呼ばれ、それがのちにラホールへ転化したと考えられている。

▲左　男性はパンジャービーと呼ばれる服を着ている。　▲右　ラホールはパキスタンを代表する大都市、人の活気であふれる

イスラム勢力の拠点（11〜16世紀）

ラホールが史実に現れるのは、1021年、ガズナ朝のマフムードが侵入したときのことで、デリー、アーグラへ続くインドの玄関口にあたるこの地に拠点がおかれたことにはじまる（イラーバ東岸の「ラウハバールの都」と記述されている）。1186年、ガズナ朝はラホールで滅亡し、続くイスラム王朝のゴール朝は1192年、デリーを占領し、デリー・サルタナット朝が樹立された。この時代のラホールは、パンジャーブの支配拠点だったと考えられ、1301年にチンギス・ハンひきいるモンゴル軍、1398年にティムールの侵入を受けて破壊

をこうむることもあった。

ムガル帝国（16〜18世紀）

ラホールが繁栄を迎えるのはムガル帝国時代のことで、1524年、中央アジアから侵入してきた初代バーブル帝の勢力下に入った。第3代アクバル帝の時代には、皇帝を中心とする国家体制がととのい、ラホールに城壁で囲まれた街区（現在のオールド・ラホール）が造営された。このアクバル帝の時代の1584年〜98年、続く第4代ジャハンギール帝の1622〜27年にはムガル帝国の宮廷がラホールにおかれ、デリー、

アーグラとならぶ都市となっていた。第5代シャー・ジャハーン帝はシャラマール庭園を、第6代アウラングゼーブ帝はバードシャーヒー・モスクを造営するなど、ラホールの歴史的遺構はムガル帝国時代に建てられたものが多い。

シク王国時代（18〜19世紀）

シク教は15世紀にラホール近郊で生まれたグル・ナナクによってはじめられ、ヒンドゥー教とイスラム教が批判的に融合されている。この宗教はパンジャーブ地方を中心に広がったが、ムガル帝国時代には異端として弾圧を受けることも多

ASIA
パキスタン

く、やがて17世紀後半から武装化するようになった。ムガル帝国の勢力が弱まるなか、ラホールは1767年にはシク教勢力の都となり、この時代、ラホール・フォートや旧市街の白大理石や財宝がアムリトサルへと運ばれるなど街は荒廃するようになった。1801年、シク勢力をまとめたランジート・シングがラホールに入城してシク王国を樹立し、その版図はパキスタン北部に広がった。

▲左 イギリス統治時代に建てられたラホール博物館。　▲右　ムガル帝国以来の伝統をもつモスク

英領インド（19〜20世紀）

コルカタに商館を構えたイギリス東インド会社は、1757年のプラッシーの戦い以後、インドを植民地化するようになっていた。ラホールの位置するパンジャーブ地方は、コルカタからは遠く最後まで独立をたもったが、やがて二度のシク戦争（1845〜46、48〜49年）をへてイギリスに占領された。この時代、ラホールはパンジャーブ地方の支配拠点となり、軍営地（今の新市街）がおかれ、アングロ・インディアン様式と呼ばれるヴィクトリア様式の建物が建てられるようになった（ラホール博物館などで見られる）。

ASIA
パキスタン

パキスタン時代（1947年〜）

英領インド時代の1940年、この街で「インドのイスラム教徒の国」の建国を目指すラホール決議が採択された。1947年、パンジャーブ地方をわけるように国境線がひかれ、印パは分離独立することになった。ラホールの40％はヒンドゥー教徒とシク教徒がしめていたが、この独立に際してほとんどがインド側に移住し、インド側からイスラム教徒が流入した（シク教徒は歴史的にヒンドゥー教徒とは対立しなかったため）。20世紀のパキスタン独立後に造営された首都イスラマバード、19世紀以降、イギリスの拠点となって発展したカラチ

Lahore 城市のうつりかわり

にくらべてラホールは中世以来、インド亜大陸におけるイスラム文化の中心となってきた街で、現在もパキスタンの学問、文化を牽引している。

参考文献

『ムガル都市』（布野修司・山根周 / 京都大学学術出版会）

『パキスタンを知るための６０章』（広瀬崇子、山根聡、小田尚也 / 明石書店）

『世界の歴史 14 ムガル帝国から英領インドへ』（佐藤正哲 / 中央公論社）

『ムガル美術の旅』（山田篤美 / 朝日新聞社）

『イスラムの造景文化』（岡崎文彬 / 同朋舎）

『ムガル帝国の興亡』（アンドレ・クロー / 法政大学出版局）

『ヒンドゥー教とイスラム教』（荒松雄 / 岩波書店）

『シク教』（コウルシング / 青土社）

『世界大百科事典』（平凡社）

まちごとパブリッシングの旅行ガイド

Machigoto INDIA , Machigoto ASIA , Machigoto CHINA

【北インド - まちごとインド】

001 はじめての北インド
002 はじめてのデリー
003 オールド・デリー
004 ニュー・デリー
005 南デリー
012 アーグラ
013 ファテープル・シークリー
014 バラナシ
015 サールナート
022 カージュラホ
032 アムリトサル

【西インド - まちごとインド】

001 はじめてのラジャスタン
002 ジャイプル
003 ジョードプル
004 ジャイサルメール
005 ウダイプル
006 アジメール（プシュカル）
007 ビカネール
008 シェカワティ
011 はじめてのマハラシュトラ
012 ムンバイ
013 プネー
014 アウランガバード
015 エローラ
016 アジャンタ
021 はじめてのグジャラート
022 アーメダバード
023 ヴァドダラー（チャンパネール）
024 ブジ（カッチ地方）

【東インド - まちごとインド】

002 コルカタ
012 ブッダガヤ

【南インド - まちごとインド】

001 はじめてのタミルナードゥ
002 チェンナイ
003 カーンチプラム
004 マハーバリプラム
005 タンジャヴール
006 クンバコナムとカーヴェリー・デルタ
007 ティルチラパッリ
008 マドゥライ
009 ラーメシュワラム
010 カニャークマリ
021 はじめてのケーララ
022 ティルヴァナンタプラム
023 バックウォーター（コッラム～アラップーザ）
024 コーチ（コーチン）
025 トリシュール

【ネパール - まちごとアジア】

001 はじめてのカトマンズ
002 カトマンズ
003 スワヤンブナート

004 パタン
005 バクタプル
006 ポカラ
007 ルンビニ
008 チトワン国立公園

【バングラデシュ - まちごとアジア】

001 はじめてのバングラデシュ
002 ダッカ
003 バゲルハット（クルナ）
004 シュンドルボン
005 プティア
006 モハスタン（ボグラ）
007 パハルプール

【パキスタン - まちごとアジア】

002 フンザ
003 ギルギット（KKH）
004 ラホール
005 ハラッパ
006 ムルタン

【イラン - まちごとアジア】

001 はじめてのイラン
002 テヘラン
003 イスファハン
004 シーラーズ
005 ペルセポリス
006 パサルガダエ（ナグシェ・ロスタム）
007 ヤズド
008 チョガ・ザンビル（アフヴァーズ）
009 タブリーズ

010 アルダビール

【北京 - まちごとチャイナ】

001 はじめての北京
002 故宮（天安門広場）
003 胡同と旧皇城
004 天壇と旧崇文区
005 瑠璃廠と旧宣武区
006 王府井と市街東部
007 北京動物園と市街西部
008 頤和園と西山
009 盧溝橋と周口店
010 万里の長城と明十三陵

【天津 - まちごとチャイナ】

001 はじめての天津
002 天津市街
003 浜海新区と市街南部
004 薊県と清東陵

【上海 - まちごとチャイナ】

001 はじめての上海
002 浦東新区
003 外灘と南京東路
004 淮海路と市街西部
005 虹口と市街北部
006 上海郊外（龍華・七宝・松江・嘉定）
007 水郷地帯（朱家角・周荘・同里・用直）

【河北省 - まちごとチャイナ】

001 はじめての河北省
002 石家荘
003 秦皇島
004 承徳
005 張家口
006 保定
007 邯鄲

【江蘇省 - まちごとチャイナ】

001 はじめての江蘇省
002 はじめての蘇州
003 蘇州旧城
004 蘇州郊外と開発区
005 無錫
006 揚州
007 鎮江
008 はじめての南京
009 南京旧城
010 南京紫金山と下関
011 雨花台と南京郊外・開発区
012 徐州

【浙江省 - まちごとチャイナ】

001 はじめての浙江省
002 はじめての杭州
003 西湖と山林杭州
004 杭州旧城と開発区
005 紹興
006 はじめての寧波
007 寧波旧城
008 寧波郊外と開発区
009 普陀山
010 天台山
011 温州

【福建省 - まちごとチャイナ】

001 はじめての福建省
002 はじめての福州
003 福州旧城
004 福州郊外と開発区
005 武夷山
006 泉州
007 厦門
008 客家土楼

【広東省 - まちごとチャイナ】

001 はじめての広東省
002 はじめての広州
003 広州古城
004 天河と広州郊外
005 深圳（深セン）
006 東莞
007 開平（江門）
008 韶関
009 はじめての潮汕
010 潮州
011 汕頭

【遼寧省 - まちごとチャイナ】

001 はじめての遼寧省
002 はじめての大連
003 大連市街
004 旅順
005 金州新区

006 はじめての瀋陽
007 瀋陽故宮と旧市街
008 瀋陽駅と市街地
009 北陵と瀋陽郊外
010 撫順

【重慶 - まちごとチャイナ】

001 はじめての重慶
002 重慶市街
003 三峡下り（重慶〜宜昌）
004 大足

【香港 - まちごとチャイナ】

001 はじめての香港
002 中環と香港島北岸
003 上環と香港島南岸
004 尖沙咀と九龍市街
005 九龍城と九龍郊外
006 新界
007 ランタオ島と島嶼部

【マカオ - まちごとチャイナ】

001 はじめてのマカオ
002 セナド広場とマカオ中心部
003 媽閣廟とマカオ半島南部
004 東望洋山とマカオ半島北部
005 新口岸とタイパ・コロアン

【Juo-Mujin（電子書籍のみ）】

Juo-Mujin 香港縦横無尽
Juo-Mujin 北京縦横無尽
Juo-Mujin 上海縦横無尽

【自力旅游中国 Tabisuru CHINA】

001 バスに揺られて「自力で長城」
002 バスに揺られて「自力で石家荘」
003 バスに揺られて「自力で承徳」
004 船に揺られて「自力で普陀山」
005 バスに揺られて「自力で天台山」
006 バスに揺られて「自力で秦皇島」
007 バスに揺られて「自力で張家口」
008 バスに揺られて「自力で邯鄲」
009 バスに揺られて「自力で保定」
010 バスに揺られて「自力で清東陵」
011 バスに揺られて「自力で潮州」
012 バスに揺られて「自力で汕頭」
013 バスに揺られて「自力で温州」

【車輪はつばさ】
南インドのアイラヴァテシュワラ寺院には建築本体に車輪がついていて寺院に乗った神さまが人びとの想いを運ぶと言います。

- 本書はオンデマンド印刷で作成されています。
- 本書の内容に関するご意見、お問い合わせは、発行元の
  まちごとパブリッシング info@machigotopub.com までお願いします。

まちごとアジア
パキスタン004ラホール
～東方イスラム世界の「華」[モノクロノートブック版]

Digital Publishing

2017年11月14日　発行

著　者	「アジア城市（まち）案内」制作委員会
発行者	赤松　耕次
発行所	まちごとパブリッシング株式会社
	〒181-0013　東京都三鷹市下連雀4-4-36
	URL http://www.machigotopub.com/
発売元	株式会社デジタルパブリッシングサービス
	〒162-0812　東京都新宿区西五軒町11-13
	清水ビル3F
印刷・製本	株式会社デジタルパブリッシングサービス
	URL http://www.d-pub.co.jp/

MP074

ISBN978-4-86143-208-8 C0326　　　　Printed in Japan
本書の無断複製複写（コピー）は、著作権法上での例外を除き、禁じられています。